Reunions in Lisbon

Coledown Bilingual Books

Published by Coledown Bilingual Books, 2023.

While every precaution has been taken in the preparation of this book, the publisher assumes no responsibility for errors or omissions, or for damages resulting from the use of the information contained herein.

REUNIONS IN LISBON

First edition. October 8, 2023.

Copyright © 2023 Coledown Bilingual Books.

ISBN: 979-8223784098

Written by Coledown Bilingual Books.

Table of Contents

O Mistério do Azulejo Desaparecido

Amélia Dias caminhava pelas ruas de Lisboa, com os cabelos negros dançando ao vento e um olhar perspicaz que revelava sua determinação inabalável. Ela era uma detetive renomada na cidade, conhecida por sua habilidade em desvendar os mistérios mais intrincados. Naquela manhã ensolarada, um chamado misterioso a levou ao coração histórico de Lisboa.

O Museu Nacional de Azulejos era um edifício majestoso, adornado com azulejos coloridos que contavam a história rica e complexa da cidade. Era um local sagrado para os amantes da arte e da cultura portuguesa. No entanto, nos últimos dias, a tranquilidade do museu havia sido quebrada pelo desaparecimento de uma peça inestimável - um azulejo antigo e raro, que datava dos tempos coloniais.

Amélia entrou no museu e foi recebida pela diretora, Dona Sofia. A mulher estava visivelmente abalada, com os olhos marejados de lágrimas.

"Detetive Dias, estou aliviada que tenha vindo tão rapidamente," disse Dona Sofia, com um sotaque lisboeta acentuado. "O azulejo desaparecido é uma peça única e insubstituível. Ele conta a história de nossos antepassados, e sua ausência é um golpe para nossa herança cultural."

Amélia assentiu com compreensão e, com sua calma característica, pediu para examinar a cena do crime. O azulejo desaparecido estava localizado em uma sala especial, protegido por um vidro à prova de balas. Não havia sinal de arrombamento, e o sistema de segurança não detectou nenhuma intrusão.

Enquanto examinava a área, Amélia notou algo incomum - um pequeno fragmento de vidro no chão, próximo ao pedestal vazio onde o azulejo costumava estar. Ela se abaixou para pegá-lo, examinando-o cuidadosamente em busca de pistas. O fragmento de vidro parecia ter sido quebrado recentemente, e isso a intrigou.

Dona Sofia observava ansiosamente enquanto Amélia continuava sua investigação. A detetive pediu acesso às imagens das câmeras de segurança, na esperança de encontrar algum vestígio do ladrão. À medida que as imagens eram exibidas, uma figura misteriosa chamou a atenção de Amélia.

Um homem usando um chapéu e um sobretudo escuro havia sido capturado pelas câmeras entrando na sala do azulejo, mas não saiu. Ele parecia ter desaparecido dentro da sala, como se tivesse se dissolvido no ar.

"Este é o nosso principal suspeito, Detetive Dias," disse Dona Sofia, com um tremor na voz. "Mas quem é esse homem, e como ele conseguiu roubar o azulejo sem deixar vestígios?"

Amélia estudou a imagem do homem misterioso por um momento antes de responder. "Precisamos descobrir quem ele é e como ele fez isso. Vou começar investigando seu paradeiro recente e ver se ele deixou algum rastro."

Com uma determinação inabalável, Amélia iniciou sua busca pelo homem do chapéu e sobretudo escuro. Ela percorreu as ruas de Lisboa, entrevistando moradores e comerciantes, na esperança de encontrar alguém que o reconhecesse. No entanto, ninguém parecia ter visto o homem misterioso antes.

À medida que os dias passavam, Amélia mergulhava mais fundo no enigma do azulejo desaparecido. Ela visitou antiquários, bibliotecas e até mesmo conversou com historiadores locais em busca de informações sobre o azulejo raro e sua possível importância oculta. Cada pista a levava a becos sem saída, e o mistério apenas se aprofundava.

Uma noite, enquanto estava em seu modesto apartamento no Bairro Alto, Amélia recebeu um telefonema inesperado. Era um homem chamado Rui, um restaurador de azulejos com uma reputação respeitável na cidade. Ele tinha informações que poderiam ser vitais para a investigação.

Amélia se encontrou com Rui em um café discreto, onde ele compartilhou suas descobertas. Ele havia investigado o azulejo desaparecido por conta própria e descobriu que ele tinha uma inscrição misteriosa na parte de trás. A inscrição era um enigma em si, uma série de letras e números que pareciam não fazer sentido à primeira vista.

"Detetive Dias, acredito que esta inscrição pode ser a chave para entender a verdadeira importância do azulejo," disse Rui. "Ela me levou a uma antiga sociedade secreta que operou em Lisboa nos séculos passados. Eles eram conhecidos por guardar segredos valiosos."

Amélia sentiu um arrepio de empolgação. Seria a antiga sociedade secreta a chave para resolver o mistério? Ela agradeceu a Rui por suas descobertas e prometeu investigar ainda mais. À medida que mergulhava na história da sociedade secreta, Amélia descobria que eles eram conhecidos como "Os Guardiões dos Azulejos" e acreditava-se que protegiam artefatos valiosos que continham segredos antigos.

Com a ajuda de Rui, Amélia decifrou a inscrição do azulejo e descobriu um enigma que a levou a uma igreja abandonada nas colinas de Lisboa. Lá, ela encontrou um compartimento secreto que continha documentos antigos que revelavam informações sobre os Guardiões dos Azulejos e seu propósito.

Os Guardiões dos Azulejos acreditavam que o azulejo desaparecido continha um mapa codificado que apontava para um tesouro perdido há séculos. Eles haviam roubado o azulejo na esperança de decifrar o enigma e encontrar o tesouro escondido.

Enquanto Amélia se aprofundava na história dos Guardiões dos Azulejos, ela percebeu que o homem misterioso do chapéu e sobretudo escuro era, na verdade, um membro dessa sociedade secreta. Ele estava disposto a roubar o azulejo a qualquer custo, mas a investigação de Amélia estava se aproximando perigosamente de sua pista.

Determinada a recuperar o azulejo e desvendar o enigma do tesouro perdido, Amélia traçou um plano arriscado. Ela se infiltrou na sede dos Guardiões dos Azulejos e confrontou o homem misterioso.

O confronto foi tenso, com Amélia enfrentando o ladrão em uma sala cheia de azulejos antigos e artefatos históricos. O homem tentou escapar, mas Amélia foi implacável em sua perseguição. Depois de uma luta intensa, ela conseguiu recuperar o azulejo desaparecido.

Com o azulejo de volta em seu lugar de direito, a tranquilidade retornou ao Museu Nacional de Azulejos, e a cidade de Lisboa celebrou a bravura e a dedicação de Amélia Dias. O tesouro perdido dos Guardiões dos Azulejos, no entanto, permaneceu um mistério não resolvido, aguardando sua próxima aventura.

Enquanto ela contemplava o azulejo restaurado, Amélia sabia que o coração de Lisboa ainda guardava muitos segredos, e ela estava determinada a desvendá-los, um mistério de cada vez. A história da detetive Amélia Dias estava apenas começando, e a cidade de Lisboa continuaria sendo o cenário de suas emocionantes investigações.

The Mystery of the Missing Tile

Amélia Dias walked through the streets of Lisbon, her black hair dancing in the wind and a keen gaze that revealed her unwavering determination. She was a renowned detective in the city, known for her ability to unravel the most intricate mysteries. On that sunny morning, a mysterious call led her to the historic heart of Lisbon.

The National Tile Museum was a majestic building adorned with colorful tiles that told the rich and complex history of the city. It was a sacred place for lovers of Portuguese art and culture. However, in recent days, the tranquility of the museum had been shattered by the disappearance of an invaluable piece - an ancient and rare tile dating back to colonial times.

Amélia entered the museum and was greeted by the director, Dona Sofia. The woman was visibly shaken, her eyes filled with tears.

"Detective Dias, I am relieved you have come so quickly," said Dona Sofia, with a pronounced Lisbon accent. "The missing tile is a unique and irreplaceable piece. It tells the story of our ancestors, and its absence is a blow to our cultural heritage."

Amélia nodded in understanding and, with her characteristic calmness, asked to examine the crime scene. The missing tile was located in a special room, protected by bulletproof glass. There was no sign of forced entry, and the security system had not detected any intrusion.

As she examined the area, Amélia noticed something unusual - a small shard of glass on the floor, near the empty pedestal where the tile used to be. She bent down to pick it up, examining it carefully for clues. The glass fragment appeared to have been broken recently, and it intrigued her.

Dona Sofia watched anxiously as Amélia continued her investigation. The detective requested access to the security camera footage, hoping to find some trace of the thief. As the images played back, a mysterious figure caught Amélia's attention.

A man wearing a hat and a dark overcoat had been captured by the cameras entering the tile room, but he did not exit. He seemed to have disappeared within the room, as if he had dissolved into thin air.

"This is our prime suspect, Detective Dias," said Dona Sofia, her voice trembling. "But who is this man, and how did he manage to steal the tile without leaving any trace?"

Amélia studied the image of the mysterious man for a moment before responding. "We need to find out who he is and how he did it. I will begin by investigating his recent whereabouts and see if he left any trail behind."

With unwavering determination, Amélia initiated her search for the man in the hat and dark overcoat. She traversed the streets of Lisbon, interviewing residents and shopkeepers, hoping to find someone who recognized him. However, no one seemed to have seen the mysterious man before.

As the days passed, Amélia delved deeper into the mystery of the missing tile. She visited antique shops, libraries, and even consulted local historians in search of information about the rare tile and its possible hidden significance. Every lead led to dead ends, and the mystery only deepened.

One evening, while in her modest apartment in Bairro Alto, Amélia received an unexpected phone call. It was a man named Rui, a tile restorer with a respected reputation in the city. He had information that could be vital to the investigation.

Amélia met with Rui at a discreet café, where he shared his findings. He had been investigating the missing tile on his own and had discovered that it had a mysterious inscription on the back. The inscription was a puzzle in itself, a series of letters and numbers that seemed to make no sense at first glance.

"Detective Dias, I believe this inscription may be the key to understanding the true significance of the tile," said Rui. "It led me to an ancient secret society that operated in Lisbon in centuries past. They were known for safeguarding valuable secrets."

Amélia felt a shiver of excitement. Could the ancient secret society hold the key to solving the mystery? She thanked Rui for his discoveries and promised to investigate further. As she delved into the history of the secret society, Amélia discovered that they were known as "The Guardians of the Tiles," and they were believed to protect valuable artifacts containing ancient secrets.

With Rui's assistance, Amélia deciphered the tile's inscription and uncovered a riddle that led her to an abandoned church on the hills of Lisbon. There, she found a secret compartment containing ancient documents that revealed information about The Guardians of the Tiles and their purpose.

The Guardians of the Tiles believed that the missing tile contained a coded map that pointed to a treasure lost centuries ago. They had stolen the tile in hopes of deciphering the riddle and finding the hidden treasure.

As Amélia delved deeper into the history of The Guardians of the Tiles, she realized that the man in the mysterious hat and overcoat was, in fact, a member of this secret society. He was willing to steal the tile at any cost, but Amélia's investigation was dangerously closing in on his trail.

Determined to recover the tile and unravel the mystery of the lost treasure, Amélia devised a risky plan. She infiltrated the headquarters of The Guardians of the Tiles and confronted the mysterious man.

The confrontation was tense, with Amélia facing off against the thief in a room filled with ancient tiles and historical artifacts. The man tried to escape, but Amélia was relentless in her pursuit. After an intense struggle, she managed to recover the missing tile.

With the tile back in its rightful place, peace returned to the National Tile Museum, and the city of Lisbon celebrated Amélia Dias's bravery and dedication. However, the lost treasure of The

Guardians of the Tiles remained an unsolved mystery, awaiting its next adventure.

As she contemplated the restored tile, Amélia knew that the heart of Lisbon still held many secrets, and she was determined to unravel them, one mystery at a time. The story of Detective Amélia Dias was just beginning, and the city of Lisbon would continue to be the backdrop for her thrilling investigations.

O Segredo do Fado Silencioso

Amélia Dias tinha resolvido o enigma do azulejo desaparecido, mas sua sede de desafios e sua paixão por desvendar mistérios ainda ardiam como uma chama dentro dela. A vida de detetive nunca deixava de surpreendê-la, e uma nova investigação estava prestes a levá-la a um mundo completamente diferente daquele em que estava acostumada.

Certa noite, enquanto navegava pela internet em busca de possíveis casos, um anúncio chamou sua atenção. Era uma postagem em um site de notícias locais, mencionando um clube de fado muito conhecido em Lisboa, o "Fado das Almas". O clube era famoso por suas performances excepcionais de fado, uma música que penetrava profundamente na alma dos ouvintes. No entanto, algo estranho estava acontecendo no "Fado das Almas" nos últimos meses: os músicos haviam perdido a voz.

Amélia ficou intrigada. O fado era uma parte essencial da cultura de Lisboa, e o silêncio repentino que envolvia o clube era motivo de preocupação. Ela decidiu que estava na hora de investigar e descobrir o motivo por trás desse enigma musical.

Na noite seguinte, Amélia se dirigiu ao "Fado das Almas". O clube estava localizado em um beco estreito, longe das luzes brilhantes do centro da cidade. A fachada do clube era simples, mas a atmosfera que o envolvia era carregada de mistério e melancolia. As notas de um fado triste ecoavam da janela semiaberta.

Ao entrar no clube, Amélia foi recebida por uma atmosfera densa e carregada de emoção. O lugar estava repleto de pessoas, todas imersas na música, mas algo estava claramente errado. Os músicos no palco tocavam com grande habilidade, mas não emitiam som algum de suas gargantas. Seus rostos estavam contorcidos em uma frustração impotente.

A proprietária do clube, Dona Lurdes, uma mulher de meia-idade com cabelos negros como a noite, aproximou-se de Amélia. Ela tinha um olhar triste nos olhos, como se carregasse um fardo invisível.

"Detetive Dias, sou grata por sua presença aqui esta noite", disse Dona Lurdes em um sussurro rouco. "Nossos músicos perderam a voz e, com ela, a alma do nosso fado. Não sabemos o que está acontecendo."

Amélia percebeu que a situação era mais complexa do que ela inicialmente imaginara. Ela pediu permissão para se aproximar dos músicos e investigar mais de perto. À medida que se aproximava, podia sentir a tensão no ar, e os músicos olhavam-na com mistura de esperança e desespero em seus olhos.

Um dos músicos, o guitarrista Carlos, começou a escrever em um caderno e mostrou suas palavras a Amélia. Ele explicou que, do dia para a noite, sua voz havia desaparecido, como se algo tivesse roubado sua capacidade de cantar. Ele e os outros músicos estavam confusos e temerosos de que o "Fado das Almas" perdesse sua reputação e público.

Amélia agradeceu a Carlos por compartilhar sua história e passou a conversar com os outros músicos. Todos relataram experiências semelhantes: uma perda inexplicável de voz que havia afetado suas vidas e carreiras. A detetive percebeu que isso era mais do que apenas um mistério musical; era um enigma que envolvia a essência do fado e da alma de Lisboa.

Determinada a desvendar o segredo do "Fado das Almas", Amélia passou os dias seguintes investigando a fundo. Ela mergulhou na história do fado, explorando sua ligação com as emoções humanas mais profundas. A música de fado era conhecida por transmitir tristeza, saudade e paixão, e esses sentimentos fluíam através das letras e das vozes dos músicos.

Amélia visitou o "Fado das Almas" todas as noites, observando os músicos, conversando com os frequentadores do clube e tentando entender o que poderia ter roubado suas vozes. Ela começou a notar um padrão estranho: todas as vezes que um dos músicos tentava cantar, uma sombra escura pairava sobre ele, como se estivesse sugando sua voz.

Uma noite, enquanto observava atentamente o palco, Amélia notou que a sombra parecia ganhar forma. Era como se fosse uma presença sobrenatural, algo que não podia ser visto a olho nu, mas que estava ali, invisível aos olhos, mas não aos sentidos.

Determinada a desvendar o mistério da sombra, Amélia decidiu realizar uma investigação noturna no "Fado das Almas". Ela se escondeu nos bastidores do clube, esperando pacientemente que a sombra aparecesse novamente.

Foi então que ela testemunhou algo surpreendente. A sombra começou a tomar forma, ganhando uma figura humanóide escura e etérea. Ela se movia silenciosamente em direção ao palco, pairando sobre os músicos enquanto eles tentavam cantar.

Amélia se aproximou com cuidado, mantendo-se nas sombras. Ela podia sentir a presença da sombra como um arrepio na espinha. Com sua lanterna, ela iluminou a figura, revelando um rosto pálido e desesperado. Era como se a sombra fosse a manifestação de um espírito atormentado.

Com coragem, Amélia confrontou a sombra, fazendo perguntas silenciosas com os olhos. A sombra respondeu com gestos e movimentos, como se estivesse tentando se comunicar.

Amélia entendeu que a sombra estava aprisionada e tinha perdido sua voz há muito tempo. Ela estava presa a uma paixão não resolvida, uma tragédia que a havia mantido afastada da luz e da paz. A sombra havia sido uma cantora de fado talentosa em sua vida passada, mas sua carreira e sua vida foram tragicamente interrompidas.

Determinada a ajudar a sombra a encontrar a paz, Amélia começou a investigar a história de vida da mulher que agora era apenas uma sombra. Ela descobriu que se chamava Maria da Silva e que havia sido uma das cantoras de fado mais aclamadas de Lisboa na década de 1950.

A tragédia que havia silenciado sua voz estava ligada a um amor perdido. Maria da Silva havia se apaixonado por um guitarrista chamado José, mas seu amor foi interrompido por uma rivalidade feroz entre gangues rivais. Em uma noite sombria, José foi morto em uma briga de gangues, e Maria da Silva perdeu não apenas o amor de sua vida, mas também sua capacidade de cantar.

À medida que Amélia desvendava a história trágica de Maria da Silva, a sombra parecia encontrar alívio. Amélia sentia que estava ajudando a liberar a alma atormentada da cantora de fado, permitindo que ela finalmente encontrasse a paz.

Com a ajuda de um médium local, Amélia realizou um ritual para liberar Maria da Silva da sombra e permitir que sua alma partisse para o além. Enquanto o ritual acontecia, a sombra começou a se dissipar lentamente, e um sentimento de serenidade encheu o clube.

No dia seguinte, quando o "Fado das Almas" reabriu, os músicos subiram ao palco com uma energia renovada. Suas vozes estavam de volta, e a música de fado encheu o clube como nunca antes. A melancolia que pairava sobre o lugar havia sido substituída por uma sensação de esperança e renovação.

Dona Lurdes e os músicos agradeceram a Amélia profundamente por sua ajuda em restaurar o fado ao "Fado das Almas". A detetive, por sua vez, sabia que essa investigação tinha sido mais do que apenas a resolução de um mistério; tinha sido uma jornada para libertar uma alma atormentada e trazer de volta a beleza da música de fado.

À medida que ela deixava o clube naquela noite, Amélia podia ouvir as notas do fado ecoando na brisa de Lisboa. Ela sabia que sua cidade estava cheia de segredos profundos e que sua missão de desvendá-los continuaria, uma melodia de mistério de cada vez. E o coração de Lisboa, com sua rica herança e suas histórias não contadas, continuaria sendo o cenário de suas futuras aventuras.

The Secret of the Silent Fado

Amélia Dias had solved the mystery of the missing tile, but her thirst for challenges and her passion for unraveling mysteries still burned within her like a flame. The life of a detective never ceased to surprise her, and a new investigation was about to take her into a completely different world than she was accustomed to.

One night, while browsing the internet in search of potential cases, an advertisement caught her attention. It was a post on a local news website mentioning a well-known fado club in Lisbon, the "Fado of Souls." The club was famous for its exceptional fado performances, music that penetrated deep into the souls of its listeners. However, something strange had been happening at the "Fado of Souls" in recent months: the musicians had lost their voices.

Amélia was intrigued. Fado was an essential part of Lisbon's culture, and the sudden silence that surrounded the club was a cause for concern. She decided it was time to investigate and uncover the reason behind this musical mystery.

The following night, Amélia headed to the "Fado of Souls." The club was located in a narrow alley, far from the bright lights of the city center. The club's facade was simple, but the atmosphere that surrounded it was laden with mystery and melancholy. The notes of a sad fado echoed from a half-open window.

Upon entering the club, Amélia was greeted by a dense atmosphere heavy with emotion. The place was filled with people, all immersed in the music, but something was clearly wrong. The musicians on stage played with great skill, but no sound came from their throats. Their faces contorted in helpless frustration.

The club's owner, Dona Lurdes, a middle-aged woman with hair as black as the night, approached Amélia. She had a sad look in her eyes, as if carrying an invisible burden.

"Detective Dias, I am grateful for your presence here tonight," said Dona Lurdes in a hoarse whisper. "Our musicians have lost their voices, and with them, the soul of our fado. We do not know what is happening."

Amélia realized that the situation was more complex than she had initially imagined. She asked for permission to approach the musicians and investigate more closely. As she approached, she could feel the tension in the air, and the musicians looked at her with a mix of hope and despair in their eyes.

One of the musicians, the guitarist Carlos, began to write in a notebook and showed his words to Amélia. He explained that overnight, his voice had disappeared, as if something had stolen his ability to sing. He and the other musicians were confused and fearful that the "Fado of Souls" would lose its reputation and audience.

Amélia thanked Carlos for sharing his story and proceeded to talk to the other musicians. They all reported similar experiences: an unexplained loss of voice that had affected their lives and careers. The detective realized that this was more than just a musical mystery; it was an enigma that involved the essence of fado and the soul of Lisbon.

Determined to unravel the secret of the "Fado of Souls," Amélia spent the following days conducting a thorough investigation. She delved into the history of fado, exploring its connection to the deepest human emotions. Fado music was known for conveying sadness, longing, and passion, and these feelings flowed through the lyrics and voices of the musicians.

Amélia visited the "Fado of Souls" every night, observing the musicians, talking to clubgoers, and trying to understand what could have robbed them of their voices. She began to notice a strange pattern: every time one of the musicians attempted to sing, a dark shadow hovered over them, as if it were sucking away their voices.

One night, as she closely observed the stage, Amélia noticed that the shadow seemed to be taking shape. It was as if it were a supernatural presence, something that could not be seen with the naked eye but was there, invisible to the eyes but not to the senses.

Determined to unravel the mystery of the shadow, Amélia decided to conduct a nighttime investigation at the "Fado of Souls." She hid backstage, patiently waiting for the shadow to appear again.

Then she witnessed something astonishing. The shadow began to take form, gaining a dark and ethereal humanoid figure. It moved silently toward the stage, hovering over the musicians as they attempted to sing.

Amélia approached cautiously, staying in the shadows. She could feel the presence of the shadow as a chill down her spine. With her flashlight, she illuminated the figure, revealing a pale and desperate face. It was as if the shadow were the manifestation of a tormented spirit.

With courage, Amélia confronted the shadow, silently asking questions with her eyes. The shadow responded with gestures and movements, as if trying to communicate.

Amélia understood that the shadow was trapped and had lost its voice long ago. It was bound to an unresolved passion, a tragedy that had kept it away from the light and peace. The shadow had been a talented fado singer in a past life, but her career and life were tragically cut short.

As Amélia unraveled the tragic story of Maria da Silva, the shadow began to find relief. Amélia felt that she was helping to release the tormented soul of the fado singer, allowing her to finally find peace.

With the help of a local medium, Amélia performed a ritual to release Maria da Silva from the shadow and allow her soul to move on. As the ritual took place, the shadow began to slowly dissipate, and a sense of serenity filled the club.

The next day, when the "Fado of Souls" reopened, the musicians took to the stage with renewed energy. Their voices were back, and the fado music filled the club like never before. The melancholy that had hung over the place had been replaced by a sense of hope and renewal.

Dona Lurdes and the musicians thanked Amélia deeply for her help in restoring fado to the "Fado of Souls." The detective, in turn, knew that this investigation had been more than just solving a mystery; it had been a journey to free a tormented soul and bring back the beauty of fado music.

As she left the club that night, Amélia could hear the notes of fado echoing in the Lisbon breeze. She knew that her city was full of deep secrets, and her mission to unravel them would continue, one mystery melody at a time. And the heart of Lisbon, with its rich heritage and untold stories, would continue to be the backdrop for her future adventures.

A Intriga dos Pastéis de Nata

Lisboa estava efervescente com a chegada da primavera. Os céus azuis e o sol brilhante espalhavam calor e alegria pela cidade. Enquanto as ruas se enchiam de visitantes curiosos e moradores locais aproveitavam o clima agradável, a detetive Amélia Dias estava prestes a se envolver em uma intrigante competição que iria abalar a doçura da cidade.

O aroma delicioso de pastéis de nata frescos pairava no ar, atraindo multidões para as pastelarias e cafés de Lisboa. Os pastéis de nata, pequenas iguarias de massa folhada recheadas com um creme amanteigado e dourado, eram um orgulho nacional e uma das delícias mais apreciadas da cidade. Foi então que surgiu a notícia de um concurso para encontrar a melhor receita de pastel de nata de Lisboa.

O concurso prometia ser um evento emocionante, reunindo amantes da culinária e chefs talentosos de toda a cidade. A competição estava sendo organizada pelo renomado chef Manuel Silva, conhecido por suas habilidades culinárias e sua paixão pela tradição gastronômica portuguesa. O prêmio, além do prestígio, era uma quantia generosa em dinheiro.

Amélia, sempre curiosa e ansiosa por desvendar novos mistérios, não pôde resistir à oportunidade de participar do concurso. Ela não era uma chef profissional, mas sempre teve um gosto apurado para a comida e um interesse particular pelos segredos da culinária. Decidiu se inscrever no concurso, não apenas pela emoção da competição, mas também para se envolver em uma experiência única que a levaria a lugares inesperados.

À medida que a data do concurso se aproximava, Amélia se dedicou a aprimorar sua receita de pastel de nata. Ela passava horas na cozinha, testando diferentes combinações de ingredientes e técnicas de preparação. Sua determinação e paixão pela culinária a ajudaram a criar uma receita que, embora não fosse tradicional, tinha um toque único que a destacava.

A manhã do concurso chegou, e o aroma de pastéis de nata recém-assados enchia o ar do local do evento, um belo salão decorado com azulejos tradicionais e mesas cobertas de toalhas xadrez. Amélia se juntou a um grupo de competidores, cada um apresentando sua própria versão do famoso doce português.

A competição estava acirrada, e os jurados, incluindo o chef Manuel Silva, provaram cada pastel de nata com seriedade. Os sabores eram diversos, desde os tradicionais com canela e açúcar de confeiteiro até variações com frutas e especiarias exóticas. Amélia observava com admiração a paixão dos competidores e se perguntava se sua receita tinha o que era preciso para ganhar.

No meio da competição, no entanto, a atmosfera de excitação foi abruptamente interrompida por um grito de angústia. Um dos competidores, um jovem chef promissor chamado João, havia colapsado e estava retorcendo-se de dor. As pessoas correram em seu auxílio, chamando por uma ambulância.

Amélia estava preocupada e se aproximou para ver o que havia acontecido. João estava pálido e ofegante, e suas mãos seguravam a barriga com expressão de agonia. Alguém mencionou que ele havia provado um dos pastéis de nata antes de ficar mal. Suspeitas de envenenamento começaram a circular no local.

Enquanto a ambulância se aproximava para levar João ao hospital, Amélia decidiu que não podia ficar de braços cruzados. Ela tinha uma sensação incômoda de que algo estava errado, e seu instinto de detetive a impulsionava a investigar. Ela abordou o chef Manuel Silva e pediu permissão para examinar a cozinha do concurso em busca de pistas.

O chef Manuel, visivelmente abalado pela tragédia que havia ocorrido, consentiu com a investigação de Amélia. Ela e um policial local vasculharam a cozinha em busca de qualquer substância suspeita. Não demorou muito para que Amélia encontrasse um pequeno frasco contendo um líquido estranho.

Ela imediatamente suspeitou que aquele frasco pudesse conter o veneno que causara o mal-estar de João. O líquido foi cuidadosamente lacrado como evidência, e Amélia fez questão de mantê-lo em seu poder. Era uma peça crucial no quebra-cabeça que estava começando a se formar.

Enquanto isso, João estava sendo tratado no hospital e, apesar de uma recuperação gradual, ainda estava fraco e incapaz de falar. Amélia decidiu visitá-lo e tentar obter qualquer informação que ele pudesse fornecer. Ela sabia que o jovem chef poderia ser a chave para desvendar o mistério por trás do envenenamento.

No quarto do hospital, João estava pálido e frágil, mas seus olhos revelavam determinação. Com dificuldade, ele escreveu algumas palavras em um pedaço de papel e entregou a Amélia. As palavras eram vagas, mas apontavam na direção de um possível suspeito:

um competidor rival que havia demonstrado um comportamento estranho durante a competição.

Amélia sabia que precisava investigar esse competidor e descobrir se ele tinha alguma ligação com o envenenamento de João. Ela retornou ao local do concurso e começou a entrevistar os competidores e testemunhas que estavam presentes no momento do incidente.

As histórias começaram a se entrelaçar, revelando intrigas e rivalidades que haviam surgido nos bastidores do concurso. O competidor suspeito, chamado Miguel, tinha feito comentários desagradáveis sobre João e sua receita pouco antes do incidente. Além disso, ele tinha acesso à cozinha onde o veneno havia sido encontrado.

Amélia confrontou Miguel, que negou veementemente qualquer envolvimento no envenenamento. No entanto, sua expressão nervosa e suas respostas evasivas aumentaram as suspeitas de Amélia. Ela sabia que precisava reunir mais provas antes de fazer qualquer acusação.

A detetive então se concentrou em rastrear o frasco do veneno. Ela levou a substância para análise em um laboratório forense, onde os resultados confirmaram suas suspeitas: o líquido era de fato venenoso e poderia ser fatal em grandes quantidades.

Com essa evidência em mãos, Amélia procurou o chef Manuel Silva e o informou sobre as descobertas. O chef ficou chocado e devastado pela ideia de que alguém pudesse ter tentado sabotar o concurso de pastéis de nata.

A notícia do envenenamento de João se espalhou pela cidade, criando um frenesi na mídia local. A competição havia se transformado em uma investigação criminal, e Amélia estava determinada a desvendar o mistério por trás do doce traiçoeiro.

Ela continuou a entrevistar os competidores e a reunir informações sobre suas motivações e relações pessoais. Conforme mergulhava mais fundo na investigação, começou a suspeitar que havia mais do que rivalidade culinária em jogo. Segredos do passado, traições e ambições ocultas surgiram como peças do quebra-cabeça.

Uma das pistas mais intrigantes veio de um dos competidores, uma mulher chamada Isabella. Ela revelou a Amélia que, semanas antes do concurso, havia recebido ameaças anônimas que a advertiam para desistir da competição. As mensagens sugeriam que ela não era bem-vinda no mundo da culinária e que deveria se afastar antes que algo ruim acontecesse.

Isabella compartilhou as mensagens ameaçadoras com Amélia, e a detetive as analisou em busca de pistas. Embora as mensagens não revelassem a identidade do remetente, Amélia tinha a sensação de que estavam relacionadas ao envenenamento de João e às intrincadas rivalidades entre os competidores.

À medida que as peças do quebra-cabeça se encaixavam, Amélia começou a montar um quadro mais claro do que havia acontecido. As tensões entre os competidores, as ameaças anônimas e o frasco de veneno apontavam para um suspeito óbvio, mas a detetive sabia que precisava de provas sólidas para fazer uma prisão.

Ela organizou uma reunião com todos os competidores e, diante deles, revelou suas descobertas. Ela compartilhou a análise do laboratório que confirmava a presença de veneno no frasco e destacou as ameaças feitas a Isabella. Em seguida, apresentou sua suspeita sobre o competidor Miguel, com base nas evidências que havia coletado.

Miguel negou mais uma vez qualquer envolvimento no envenenamento, mas seu comportamento nervoso e contraditório chamou a atenção de todos. A tensão no ambiente era palpável, e Amélia sabia que estava se aproximando da verdade.

Foi então que Isabella, a competidora que havia recebido as ameaças, deu um passo à frente. Ela revelou que havia observado Miguel em uma conversa suspeita com João nos bastidores do concurso, minutos antes do envenenamento. Ela não conseguia ouvir o que estavam dizendo, mas as expressões em seus rostos a deixaram intrigada.

Com esse testemunho crucial, Amélia tinha o que precisava para fazer uma prisão. Ela pediu ao policial local que detivesse Miguel, enquanto ela conduzia uma busca minuciosa em seus pertences. Foi durante essa busca que ela encontrou a prova definitiva: um frasco semelhante ao que continha o veneno.

O frasco de Miguel continha resíduos do veneno que havia sido usado para envenenar João. Amélia tinha em suas mãos a evidência que precisava para levar o suspeito à justiça.

Miguel foi preso e levado sob custódia policial. Ele finalmente confessou sua tentativa de envenenar João, motivado por ciúmes e inveja de seu talento culinário. Ele acreditava que, eliminando um competidor forte, teria uma chance melhor de ganhar o concurso e a premiação em dinheiro.

Com o enigma resolvido e o criminoso responsável pelo envenenamento de João atrás das grades, a competição de pastéis de nata pôde finalmente continuar. Amélia estava aliviada por ter trazido justiça e segurança ao concurso, e a cidade de Lisboa pôde celebrar sua tradição culinária em paz.

O evento continuou com entusiasmo renovado, e os competidores restantes apresentaram suas criações com paixão e dedicação. O chef Manuel Silva, com gratidão pela resolução do caso, expressou sua admiração pela determinação e habilidades de investigação de Amélia.

A detetive voltou a saborear os pastéis de nata com apreço, lembrando-se de como a competição havia se transformado em uma intrigante trama de mistério. Ela sabia que sua sede de desafios e seu amor por desvendar enigmas a levariam a novas aventuras, e que Lisboa, com sua rica cultura e suas histórias inexploradas, sempre lhe reservaria surpresas deliciosas.

The Intrigue of the Custard Tarts

Lisbon was bustling with the arrival of spring. The blue skies and bright sun spread warmth and joy throughout the city. As the streets filled with curious visitors and local residents enjoyed the pleasant weather, detective Amélia Dias was about to get involved in an intriguing competition that would shake the sweetness of the city.

The delicious aroma of freshly baked custard tarts wafted through the air, drawing crowds to the pastry shops and cafes of Lisbon. Custard tarts, small pastries made of flaky pastry filled with a buttery, golden custard, were a national pride and one of the city's most beloved treats. Then came the news of a competition to find the best custard tart recipe in Lisbon.

The competition promised to be an exciting event, bringing together culinary enthusiasts and talented chefs from across the city. The competition was being organized by the renowned chef Manuel Silva, known for his culinary skills and passion for Portuguese gastronomic tradition. The prize, in addition to prestige, was a generous cash prize.

Amélia, always curious and eager to solve new mysteries, could not resist the opportunity to participate in the competition. She was not a professional chef, but she had always had a discerning taste for food and a particular interest in the secrets of cooking. She decided to enter the competition, not only for the thrill of the competition but also to engage in a unique experience that would take her to unexpected places.

As the competition date approached, Amélia dedicated herself to perfecting her custard tart recipe. She spent hours in the kitchen, testing different combinations of ingredients and preparation techniques. Her determination and passion for cooking helped her create a recipe that, while not traditional, had a unique twist that set it apart.

The morning of the competition arrived, and the delightful aroma of freshly baked custard tarts filled the air at the event venue, a beautiful hall decorated with traditional tiles and tables covered in checkered tablecloths. Amélia joined a group of competitors, each presenting their own version of the famous Portuguese treat.

The competition was fierce, and the judges, including Chef Manuel Silva, tasted each custard tart with seriousness. The flavors ranged from traditional ones with cinnamon and powdered sugar to variations with exotic fruits and spices. Amélia watched with admiration as competitors passionately showcased their creations and wondered if her recipe had what it took to win.

In the midst of the competition, however, the atmosphere of excitement was abruptly interrupted by a cry of anguish. One of the competitors, a promising young chef named João, had collapsed and was writhing in pain. People rushed to his aid, calling for an ambulance.

Amélia was concerned and approached to see what had happened. João was pale and gasping, his hands clutching his belly in agony. Someone mentioned that he had tasted one of the custard tarts before falling ill. Suspicions of poisoning began to circulate at the scene.

While the ambulance approached to take João to the hospital, Amélia decided she couldn't stand idly by. She had an uneasy feeling that something was wrong, and her detective instinct urged her to investigate. She approached Chef Manuel Silva and requested permission to examine the competition kitchen for clues.

Chef Manuel, visibly shaken by the tragedy that had occurred, agreed to Amélia's investigation. She and a local police officer combed the kitchen for any suspicious substances. It didn't take long for Amélia to find a small vial containing a strange liquid.

She immediately suspected that the vial might contain the poison that had caused João's illness. The liquid was carefully sealed as evidence, and Amélia made sure to keep it in her possession. It was a crucial piece in the puzzle that was beginning to form.

Meanwhile, João was being treated at the hospital, and although he was gradually recovering, he was still weak and unable to speak. Amélia decided to visit him and try to obtain any information he could provide. She knew that the young chef could be the key to unraveling the mystery behind the treacherous dessert.

In the hospital room, João was pale and frail, but his eyes revealed determination. With difficulty, he wrote a few words on a piece of paper and handed it to Amélia. The words were vague, but they pointed in the direction of a possible suspect: a rival competitor who had exhibited strange behavior during the competition.

Amélia knew she needed to investigate this competitor and find out if he had any connection to João's poisoning. She returned to the competition venue and began interviewing the competitors and witnesses who were present at the time of the incident.

The stories began to intertwine, revealing intrigues and rivalries that had arisen behind the scenes of the competition. The suspected competitor, named Miguel, had made unpleasant comments about João and his recipe just before the incident. Moreover, he had access to the kitchen where the poison had been found.

Amélia confronted Miguel, who vehemently denied any involvement in the poisoning. However, his nervous and evasive behavior heightened Amélia's suspicions. She knew she needed to gather more evidence before making any accusations.

The detective then focused on tracking the poison vial. She took the substance for analysis at a forensic laboratory, where the results confirmed her suspicions: the liquid was indeed poisonous and could be fatal in large quantities.

With this evidence in hand, Amélia approached Chef Manuel Silva and informed him of the findings. The chef was shocked and devastated by the idea that someone could have attempted to sabotage the custard tart competition.

The news of João's poisoning spread throughout the city, creating a frenzy in the local media. The competition had turned into a criminal investigation, and Amélia was determined to unravel the mystery behind the treacherous dessert.

She continued to interview the competitors and gather information about their motivations and personal relationships. As she delved deeper into the investigation, she began to suspect that more than culinary rivalry was at play. Secrets from the past, betrayals, and hidden ambitions emerged as pieces of the puzzle.

One of the most intriguing leads came from one of the competitors, a woman named Isabella. She revealed to Amélia that weeks before the competition, she had received anonymous threats warning her to withdraw from the competition. The messages suggested that she was not welcome in the culinary world and should step away before something bad happened.

Isabella shared the threatening messages with Amélia, who analyzed them for clues. Although the messages did not reveal the identity of the sender, Amélia had a sense that they were related to João's poisoning and the intricate rivalries among the competitors.

As the pieces of the puzzle came together, Amélia began to paint a clearer picture of what had happened. The tensions among the competitors, the anonymous threats, and the poison vial all pointed to an obvious suspect, but the detective knew she needed solid evidence before making an arrest.

She organized a meeting with all the competitors and, in front of them, revealed her findings. She shared the laboratory analysis that confirmed the presence of poison in the vial and highlighted the threats made to Isabella. She then presented her suspicion regarding competitor Miguel, based on the evidence she had collected.

Miguel vehemently denied any involvement in João's poisoning once again, but his nervous and contradictory behavior drew the attention of everyone present. The tension in the room was palpable, and Amélia knew she was closing in on the truth.

It was then that Isabella, the competitor who had received the threats, stepped forward. She revealed that she had observed Miguel in a suspicious conversation with João backstage at the competition, just minutes before the poisoning. She couldn't hear what they were saying, but the expressions on their faces had left her intrigued.

With this crucial testimony, Amélia had what she needed to make an arrest. She asked the local police officer to detain Miguel, while she conducted a thorough search of his belongings. It was during this search that she found the definitive evidence: a vial similar to the one containing the poison.

Miguel's vial contained traces of the poison that had been used to poison João. Amélia had in her hands the evidence she needed to bring the suspect to justice.

Miguel was arrested and taken into police custody. He finally confessed to his attempt to poison João, motivated by jealousy and envy of his culinary talent. He believed that by eliminating a strong competitor, he would have a better chance of winning the custard tart competition and the cash prize.

With the mystery solved and the criminal responsible for João's poisoning behind bars, the custard tart competition could finally continue. Amélia was relieved to have brought justice and safety to the competition, and the city of Lisbon could celebrate its culinary tradition in peace.

The event continued with renewed enthusiasm, and the remaining competitors showcased their creations with passion and dedication. Chef Manuel Silva, grateful for the case's resolution, expressed his admiration for Amélia's determination and investigative skills.

The detective savored the custard tarts once again with appreciation, remembering how the competition had turned into an intriguing mystery plot. She knew that her thirst for challenges and her love for unraveling mysteries would lead her to new adventures, and that Lisbon, with its rich culture and unexplored stories, would always hold delicious surprises for her.

O Desaparecimento do Livro Antigo

Lisboa estava envolta em um manto de história, seus becos estreitos e praças antigas contando contos de séculos passados. Amélia Dias, a destemida detetive, estava prestes a embarcar em uma jornada que a levaria a desvendar um mistério literário que ecoava através do tempo.

Era uma tarde tranquila quando Amélia recebeu uma ligação urgente do diretor da Biblioteca Real de Lisboa. Um raro livro antigo havia desaparecido, uma preciosidade que era considerada um tesouro literário da cidade. A obra desaparecida, "O Códice do Destino", era escrita por um autor desconhecido do século XVII e havia sido mantida sob rigorosa guarda na biblioteca por gerações.

Amélia chegou à biblioteca, onde o diretor a esperava com uma expressão de preocupação. Ele explicou que o livro havia sido descoberto recentemente em uma seção secreta da biblioteca, escondido atrás de uma parede de livros antigos e empoeirados. Sua descoberta havia causado grande comoção entre os bibliotecários, que acreditavam que o "Códice do Destino" continha segredos há muito esquecidos.

No entanto, a alegria da descoberta foi efêmera, pois logo se tornou evidente que o livro havia desaparecido misteriosamente. Não havia sinais de arrombamento ou destruição, apenas um vazio onde o livro uma vez repousara. O diretor estava determinado a recuperar a obra antes que caísse nas mãos erradas ou fosse perdida para sempre.

Amélia examinou o espaço vazio onde o livro costumava estar, buscando pistas ou sinais que pudessem lançar luz sobre o desaparecimento. Ela percebeu que o local onde o livro estava escondido não era uma seção pública da biblioteca, mas um espaço privado acessado apenas por um pequeno grupo de bibliotecários de confiança.

Começou sua investigação conversando com os bibliotecários que haviam sido os primeiros a encontrar o livro. Eles alegaram que não haviam revelado sua descoberta a ninguém além do diretor, e Amélia acreditou em sua sinceridade. O diretor, por sua vez, estava ansioso para cooperar plenamente com a investigação e ofereceu todo o apoio necessário.

A detetive então se voltou para o próprio livro, estudando seu conteúdo e sua história. "O Códice do Destino" era uma obra enigmática, uma mistura de poesia, filosofia e profecias que haviam intrigado os estudiosos por séculos. Dizia-se que o autor era um eremita que havia vivido isolado nas montanhas de Sintra, onde escrevera o livro como um guia para compreender o destino humano.

Amélia se debruçou sobre as páginas do livro, buscando pistas que pudessem estar escondidas nas palavras do autor. A medida que lia, começou a notar passagens que pareciam sugerir um segredo, uma trilha literária que o autor havia deixado para trás. Palavras enigmáticas, rimas incomuns e referências a locais misteriosos começaram a saltar das páginas.

Convencida de que o autor havia deixado pistas em seu próprio livro, Amélia decidiu seguir esses indícios e lançar-se em uma caça ao tesouro literária pela cidade de Lisboa. Ela estava determinada a recuperar o "Códice do Destino" e desvendar o mistério de seu desaparecimento.

Sua primeira pista a levou a um antigo convento nas colinas de Sintra, o local onde se dizia que o autor do livro havia vivido como eremita. O convento estava agora em ruínas, mas Amélia não se deixou desanimar. Ela explorou as sombras das paredes de pedra e as árvores antigas que cercavam o local, procurando por qualquer sinal que pudesse levar ao próximo passo de sua jornada.

Foi então que ela encontrou uma inscrição misteriosa esculpida na pedra de um muro desmoronado. As palavras eram antigas e quase apagadas pelo tempo, mas Amélia conseguiu decifrar uma frase que a deixou intrigada: "Siga a rota dos ventos do oeste até o abraço das árvores sussurrantes."

Armada com essa pista enigmática, Amélia voltou a Lisboa e começou sua busca pelos "ventos do oeste" e pelo "abraço das árvores sussurrantes". Ela investigou parques, praças e jardins da cidade, seguindo a direção dos ventos do oeste até chegar a um parque antigo, conhecido como o Jardim das Árvores Sussurrantes.

O parque era um oásis de tranquilidade no coração da cidade, repleto de árvores antigas e caminhos sinuosos. Era um local que poucos conheciam, e Amélia sentiu que estava se aproximando do próximo elo na cadeia de pistas.

Enquanto explorava o Jardim das Árvores Sussurrantes, Amélia encontrou um banco de pedra sob uma árvore centenária. Ao se sentar no banco, ela notou que uma das pedras do chão parecia solta. Com cuidado, ela a levantou e encontrou um envelope antigo escondido embaixo dela.

O envelope estava selado com cera vermelha e marcado com um símbolo misterioso. Com mãos trêmulas, Amélia abriu o envelope e encontrou uma carta escrita à mão. A carta continha instruções para o próximo passo da jornada literária.

A carta dizia: "Siga o rio que chora por sete luas e encontre a sombra da Torre dos Suspiros. Lá, sob as estrelas, a chave para o destino está oculta."

Amélia sabia que estava cada vez mais perto de desvendar o mistério do "Códice do Destino". Ela partiu em busca do rio mencionado na carta, seguindo-o por sete noites e dias até chegar a um local onde a sombra da imponente Torre dos Suspiros caía sobre a terra.

À noite, sob o brilho das estrelas, Amélia explorou os arredores da torre em busca da chave para o destino. Ela vasculhou cada pedra, cada recanto, até que finalmente encontrou um pequeno compartimento secreto esculpido na base da torre.

Dentro do compartimento, encontrou um objeto antigo e misterioso: um medalhão de prata com um pingente em forma de livro aberto. O medalhão tinha uma inscrição que dizia "O Códice do Destino". Amélia sabia que havia encontrado o objeto perdido que tanto buscava.

Com o medalhão em mãos, Amélia voltou à Biblioteca Real de Lisboa e o colocou no lugar vazio onde o "Códice do Destino" costumava repousar. O diretor da biblioteca ficou emocionado ao ver o livro finalmente de volta em seu lugar de direito.

No entanto, antes de abrir o livro, Amélia decidiu compartilhar com o diretor as pistas e a jornada que a haviam levado até ali. Ela explicou como o autor do livro havia deixado pistas em suas próprias palavras, levando-a a desvendar o mistério por trás do desaparecimento da obra.

Juntos, abriram o "Códice do Destino" e começaram a ler suas páginas enigmáticas. À medida que as palavras ganhavam vida, uma sensação de compreensão e iluminação envolveu a sala. O livro, uma vez perdido, agora estava de volta à luz, revelando seus segredos aos que ousaram segui-lo até o fim.

Amélia percebeu que, por meio de sua busca, não apenas recuperara um tesouro literário, mas também havia mergulhado em uma jornada de descoberta pessoal. Ela aprendera a importância de seguir as pistas, de ler entre as linhas e de persistir em busca da verdade, mesmo quando os caminhos eram incertos.

O "Códice do Destino" permaneceu na Biblioteca Real de Lisboa, uma preciosidade que continuaria a intrigar e inspirar gerações futuras. E Amélia Dias, a detetive destemida, sabia que estava pronta para enfrentar qualquer mistério que a cidade de Lisboa lançasse em seu caminho. Com sua paixão pela resolução de enigmas e seu amor pela história, ela estava pronta para desvendar os segredos mais profundos da cidade que tanto amava.

The Disappearance of the Ancient Book

Lisbon was shrouded in a cloak of history, its narrow alleys and ancient squares telling tales of centuries gone by. Amélia Dias, the fearless detective, was about to embark on a journey that would lead her to unravel a literary mystery echoing through time.

It was a quiet afternoon when Amélia received an urgent call from the director of the Royal Library of Lisbon. A rare ancient book had disappeared, a treasure considered a literary gem of the city. The missing work, "The Codex of Destiny," was written by an unknown author from the 17th century and had been kept under strict guard in the library for generations.

Amélia arrived at the library, where the director awaited her with a concerned expression. He explained that the book had been discovered recently in a hidden section of the library, concealed behind a wall of old, dusty books. Its discovery had caused great excitement among the librarians, who believed that the "Codex of Destiny" contained long-forgotten secrets.

However, the joy of the discovery was short-lived, as it soon became evident that the book had mysteriously disappeared. There were no signs of break-ins or destruction, just an empty space where the book had once rested. The director was determined to recover the work before it fell into the wrong hands or was lost forever.

Amélia examined the empty space where the book used to be, searching for clues or signs that could shed light on its disappearance. She realized that the location where the book had been hidden was not a public section of the library but a private area accessed only by a small group of trusted librarians.

She began her investigation by speaking with the librarians who had first discovered the book. They claimed that they had not revealed their discovery to anyone other than the director, and Amélia believed in their sincerity. The director, in turn, was eager to fully cooperate with the investigation and offered all the support needed.

The detective then turned her attention to the book itself, studying its contents and history. "The Codex of Destiny" was an enigmatic work, a blend of poetry, philosophy, and prophecies that had intrigued scholars for centuries. It was said that the author was a hermit who had lived in isolation in the mountains of Sintra, where he had written the book as a guide to understanding human destiny.

Amélia delved into the pages of the book, searching for clues that might be hidden within the author's words. As she read, she began to notice passages that seemed to suggest a secret, a literary trail that the author had left behind. Enigmatic words, unusual rhymes, and references to mysterious locations started to jump from the pages.

Convinced that the author had left clues in his own book, Amélia decided to follow these hints and embark on a literary treasure hunt through the city of Lisbon. She was determined to retrieve the "Codex of Destiny" and unravel the mystery of its disappearance.

Her first clue led her to an ancient convent in the hills of Sintra, the place where it was said that the book's author had lived as a hermit. The convent was now in ruins, but Amélia was undeterred. She explored the shadows of the stone walls and the ancient trees surrounding the site, searching for any sign that could lead to the next step of her journey.

It was then that she found a mysterious inscription carved into the stone of a crumbling wall. The words were ancient and nearly faded by time, but Amélia managed to decipher a sentence that left her intrigued: "Follow the route of the west winds to the embrace of the whispering trees."

Armed with this enigmatic clue, Amélia returned to Lisbon and began her search for the "west winds" and the "embrace of the whispering trees." She investigated parks, squares, and gardens in the city, following the direction of the west winds until she reached an ancient park known as the Garden of the Whispering Trees.

The park was an oasis of tranquility in the heart of the city, filled with ancient trees and winding paths. It was a place that few knew about, and Amélia felt that she was getting closer to the next link in the chain of clues.

While exploring the Garden of the Whispering Trees, Amélia came across a stone bench beneath a centuries-old tree. As she sat on the bench, she noticed that one of the stones on the ground seemed loose. Carefully, she lifted it and found an old envelope hidden underneath.

The envelope was sealed with red wax and marked with a mysterious symbol. With trembling hands, Amélia opened the envelope and found a handwritten letter inside. The letter contained instructions for the next step of the literary journey.

The letter read: "Follow the river that weeps for seven moons and find the shadow of the Tower of Sighs. There, under the stars, the key to destiny is hidden."

Amélia knew that she was getting closer to unraveling the mystery of the "Codex of Destiny." She set out to follow the river mentioned in the letter, tracing it for seven days and nights until she arrived at a location where the shadow of the imposing Tower of Sighs fell upon the land.

At night, beneath the starry sky, Amélia explored the surroundings of the tower in search of the key to destiny. She searched every stone, every nook, until she finally found a small, secret compartment carved into the base of the tower.

Inside the compartment, she found an ancient and mysterious object: a silver medallion with a pendant in the shape of an open book. The medallion had an inscription that read "The Codex of Destiny." Amélia knew that she had found the lost object she had been searching for.

With the medallion in her hands, Amélia returned to the Royal Library of Lisbon and placed it in the empty space where the

"Codex of Destiny" had once rested. The library director was moved to see the book finally back in its rightful place.

However, before opening the book, Amélia decided to share with the director the clues and the journey that had led her there. She explained how the author of the book had left clues in his own words, leading her to unravel the mystery behind the book's disappearance.

Together, they opened "The Codex of Destiny" and began to read its enigmatic pages. As the words came to life, a sense of understanding and enlightenment enveloped the room. The book, once lost, was now back in the light, revealing its secrets to those who dared to follow it to the end.

Amélia realized that through her quest, she had not only recovered a literary treasure but had also embarked on a journey of personal discovery. She had learned the importance of following clues, reading between the lines, and persisting in the search for truth, even when the paths were uncertain.

"The Codex of Destiny" remained in the Royal Library of Lisbon, a treasure that would continue to intrigue and inspire future generations. And Amélia Dias, the fearless detective, knew that she was ready to face any mystery that the city of Lisbon threw her way. With her passion for solving puzzles and her love for history, she was prepared to unravel the deepest secrets of the city she loved so much.

A Reunião dos Amigos Perdidos

Era um dia ensolarado em Lisboa, com o azul do céu refletindo nas águas do Tejo. Amélia Dias, a detetive de espírito destemido e coração compassivo, estava caminhando por uma praça movimentada no centro da cidade quando algo chamou sua atenção. No chão, próximo a uma fonte, havia uma folha de papel com uma lista de nomes escrita à mão. A curiosidade a levou a se abaixar e examinar a lista.

A lista continha uma série de nomes, cada um acompanhado por uma data, que ia desde os anos mais recentes até décadas atrás. Não havia mais informações além disso, apenas os nomes e as datas. Amélia sentiu que havia algo intrigante naquela lista e decidiu que iria investigar mais a fundo.

Ela começou sua investigação pelo primeiro nome da lista, que estava acompanhado pela data mais recente. O nome era Sofia Silva, e a data era apenas alguns meses antes. Amélia usou suas habilidades de pesquisa e contatou os arquivos da cidade para obter informações sobre Sofia Silva.

Não demorou muito para que ela descobrisse que Sofia Silva havia sido uma das vítimas de um golpe financeiro que a deixara em dificuldades financeiras. Ela havia perdido todo o seu dinheiro e, com vergonha e desespero, havia se afastado de seus amigos e familiares. Amélia decidiu que ajudaria Sofia a se reconectar com aqueles que a amavam e a apoiariam em seu momento de necessidade.

Com base nas informações que reuniu, Amélia localizou os amigos e familiares de Sofia e organizou um encontro surpresa na praça onde encontrara a lista. Sofia chegou ao local, sem suspeitar da surpresa que a aguardava. Quando viu os rostos sorridentes de seus entes queridos, lágrimas de emoção encheram seus olhos.

As histórias de reencontro continuaram quando Amélia rastreou os outros nomes da lista. Alguns haviam se afastado devido a mal-entendidos, outros por orgulho ferido, mas todos compartilhavam um desejo profundo de reconciliação e perdão. Amélia se tornou uma intermediária habilidosa, reunindo amigos perdidos e proporcionando a eles a oportunidade de recomeçar.

Uma das histórias mais emocionantes envolvia Manuel e Carlos, dois amigos que haviam brigado anos atrás por causa de uma disputa de negócios. Eles não se falavam desde então, mas Amélia estava determinada a ajudá-los a superar suas diferenças. Ela organizou um encontro no lugar onde costumavam se encontrar quando eram jovens e compartilhou histórias e lembranças de sua amizade. Aos poucos, as barreiras que os separavam começaram a desmoronar, e eles abraçaram a oportunidade de reavivar sua amizade.

Outra história de reencontro envolveu duas irmãs, Maria e Ana, que haviam se afastado devido a um desentendimento sobre a venda de uma propriedade de família. Amélia conseguiu encontrar um terreno comum entre elas, ajudando-as a perceber que a família e o amor que compartilhavam eram mais importantes do que qualquer disputa de propriedade. As irmãs se abraçaram emocionadas, prontas para deixar o passado para trás e se reconectar.

À medida que mais nomes da lista eram rastreados e reuniões eram organizadas, a praça se tornou um local de celebração e cura. Os amigos e familiares perdidos se abraçaram, compartilharam histórias e lembranças e reconheceram a importância de manter os laços de amor e amizade.

Amélia sentiu uma profunda satisfação ao ver as pessoas se reconciliando e se reconectando, e ela sabia que estava fazendo algo significativo para a comunidade de Lisboa. À medida que as histórias de reencontro se espalhavam pela cidade, mais nomes eram adicionados à lista, e Amélia continuava sua missão de ajudar as pessoas a encontrar aqueles que haviam perdido de vista ao longo dos anos.

Uma das histórias mais comoventes envolveu um homem idoso chamado António, que havia se afastado de sua filha, Isabel, após uma briga acalorada. Eles não haviam se falado por mais de uma década, e o coração de António estava cheio de arrependimento e tristeza. Amélia conseguiu localizar Isabel e, apesar da hesitação inicial, ela concordou em se encontrar com o pai.

O encontro entre António e Isabel foi repleto de emoção. Lágrimas foram derramadas, palavras de perdão foram trocadas e abraços apertados foram dados. Eles prometeram deixar o passado para trás e reconstruir sua relação. Foi um momento de cura profunda, e Amélia sabia que havia desempenhado um papel importante na reconciliação daquela família.

À medida que os meses passavam, Amélia continuava a rastrear nomes da lista e a reunir amigos e familiares perdidos. Cada reencontro era único, mas todos compartilhavam um senso profundo de perdão e aceitação. A praça se tornou um local simbólico de encontro e reconciliação, onde as pessoas podiam superar suas diferenças e reconectar-se com aqueles que amavam.

Com o tempo, a lista de nomes diminuiu, e Amélia finalmente chegou ao último nome da lista. Era um homem idoso chamado Joaquim, cuja data de desaparecimento remontava a muitos anos atrás. Ele havia se afastado de sua melhor amiga de infância, Maria, devido a um desentendimento que nunca havia sido resolvido.

Amélia estava determinada a ajudar Joaquim e Maria a se reconciliarem, encerrando assim a missão que havia começado com aquela lista de nomes na praça. Ela rastreou Joaquim até uma pequena casa nos arredores de Lisboa, onde ele vivia sozinho. Joaquim estava relutante em reencontrar Maria, temendo que fosse tarde demais para fazer as pazes.

No entanto, Amélia conseguiu convencê-lo de que nunca era tarde demais para reconciliação e perdão. Ela organizou um encontro entre Joaquim e Maria na mesma praça onde tudo havia começado. Quando os dois se viram depois de tantos anos, as lágrimas encheram seus olhos.

Joaquim pediu desculpas a Maria por seu orgulho e teimosia, enquanto Maria expressou seu perdão e carinho. Eles se abraçaram e prometeram não mais deixar que desentendimentos os separassem. Era um momento de encerramento e cura, e Amélia sabia que havia cumprido sua missão.

Com a lista de nomes agora completa e com tantos reencontros bem-sucedidos, Amélia sentiu uma sensação profunda de realização. Ela havia ajudado a reunir amigos e familiares perdidos, proporcionando-lhes a oportunidade de perdoar e se reconectar. A praça, que um dia foi o local onde a lista foi encontrada, agora era um lugar de celebração e amor.

Amélia aprendeu que, além de resolver mistérios, também podia desempenhar um papel importante na cura das relações humanas. Ela sabia que sua jornada como detetive continuaria a trazer desafios e surpresas, mas agora ela carregava consigo a lembrança de como o poder do perdão e da reconciliação podia mudar vidas e unir corações.

The Reunion of Lost Friends

It was a sunny day in Lisbon, with the blue sky reflecting in the waters of the Tagus River. Amélia Dias, the detective with a fearless spirit and a compassionate heart, was walking through a bustling square in the city center when something caught her eye. On the ground, near a fountain, there was a handwritten list of names. Curiosity led her to bend down and examine the list.

The list contained a series of names, each accompanied by a date, ranging from recent months to decades ago. There was no other information, just names and dates. Amélia felt that there was something intriguing about that list and decided that she would investigate further.

She began her investigation with the first name on the list, which was accompanied by the most recent date. The name was Sofia Silva, and the date was only a few months ago. Amélia used her research skills and contacted the city archives to gather information about Sofia Silva.

It didn't take long for her to discover that Sofia Silva had been one of the victims of a financial scam that had left her in financial distress. She had lost all her money, and, filled with shame and desperation, had distanced herself from her friends and family. Amélia decided that she would help Sofia reconnect with those who loved her and would support her in her time of need.

Based on the information she gathered, Amélia located Sofia's friends and family and organized a surprise gathering in the square where she had found the list. Sofia arrived at the location, unsuspecting of the surprise that awaited her. When she saw the smiling faces of her loved ones, tears of emotion filled her eyes.

The stories of reunions continued as Amélia tracked down the other names on the list. Some had drifted apart due to misunderstandings, others because of wounded pride, but all shared a deep desire for reconciliation and forgiveness. Amélia became a skilled mediator, bringing lost friends together and giving them the opportunity to start anew.

One of the most touching stories involved Manuel and Carlos, two friends who had fallen out years ago over a business dispute. They hadn't spoken since then, but Amélia was determined to help them overcome their differences. She arranged a meeting at the place where they used to meet when they were young and shared stories and memories of their friendship. Gradually, the barriers that had separated them began to crumble, and they embraced the opportunity to rekindle their friendship.

Another reunion story involved two sisters, Maria and Ana, who had grown apart due to a disagreement over the sale of a family property. Amélia managed to find common ground between them, helping them realize that family and the love they shared were more important than any property dispute. The sisters embraced each other with tears of emotion, ready to leave the past behind and reconnect.

As more names from the list were tracked and reunions were organized, the square became a place of celebration and healing. Lost friends embraced, shared stories and memories, and recognized the importance of maintaining bonds of love and friendship.

Amélia felt a deep sense of satisfaction as she watched people reconcile and reconnect, knowing that she was doing something meaningful for the community of Lisbon. As stories of reunions spread throughout the city, more names were added to the list, and Amélia continued her mission to help people find those they had lost touch with over the years.

One of the most moving stories involved an elderly man named António, who had distanced himself from his daughter, Isabel, after a heated argument. They hadn't spoken for over a decade, and António's heart was filled with regret and sadness. Amélia managed to locate Isabel, and despite her initial hesitation, she agreed to meet her father.

The meeting between António and Isabel was filled with emotion. Tears were shed, words of forgiveness were exchanged, and tight hugs were given. They promised to leave the past behind and rebuild their relationship. It was a moment of deep healing, and Amélia knew that she had played an important role in the reconciliation of that family.

As the months passed, Amélia continued to track names from the list and bring lost friends and family back together. Each reunion was unique, but all shared a profound sense of forgiveness and acceptance. The square, which had once been the place where the list was found, was now a symbolic place of meeting and reconciliation, where people could overcome their differences and reconnect with those they loved.

With the list of names now complete and with so many successful reunions, Amélia felt a deep sense of accomplishment. She had helped bring lost friends and family together, giving them the opportunity to forgive and reconnect. The square, which had once been the place where the list was found, was now a place of celebration and love.

Amélia learned that, in addition to solving mysteries, she could also play an important role in healing human relationships. She knew that her journey as a detective would continue to bring challenges and surprises, but now she carried with her the memory of how the power of forgiveness and reconciliation could change lives and unite hearts.